Impressum
Verlag: BABADADA GmbH, Nedderfeld 112 , 22529 Hamburg
Geschäftsführer / Verlagsleitung: Harald Hof
Druck: Books on Demand GmbH, In de Tarpen 42, 22848 Norderstedt

Imprint
Publisher: BABADADA GmbH, Nedderfeld 112 , 22529 Hamburg, Germany
Managing Director / Publishing direction: Harald Hof
Print: Books on Demand GmbH, In de Tarpen 42, 22848 Norderstedt, Germany

kool
iskola

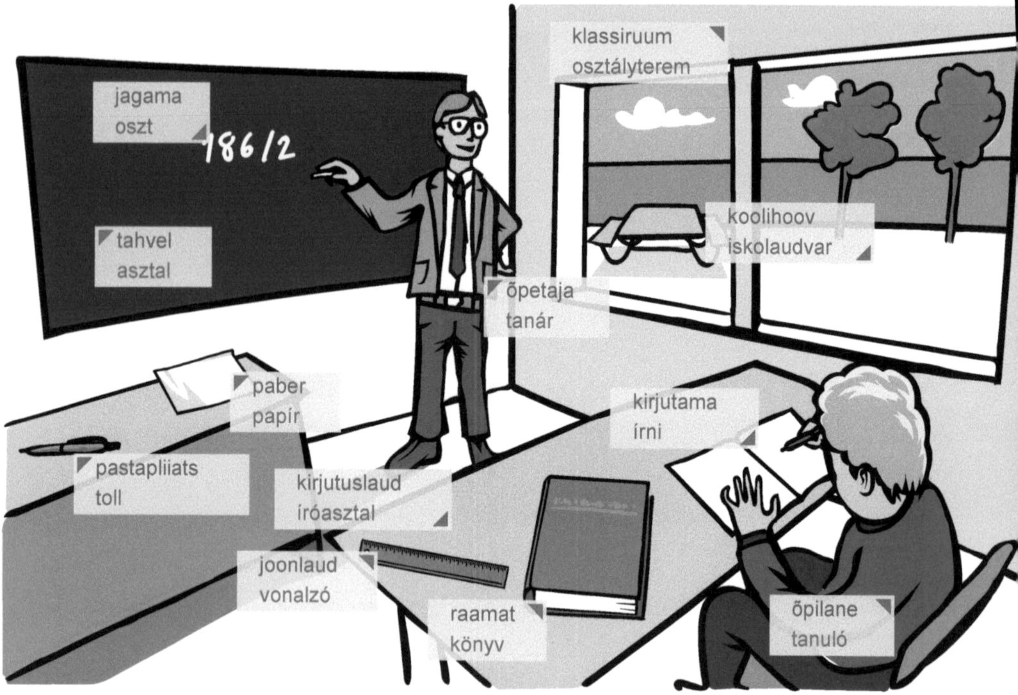
klassiruum
osztályterem
jagama
oszt
186/2
tahvel
asztal
koolihoov
iskolaudvar
õpetaja
tanár
paber
papír
kirjutama
írni
pastapliiats
toll
kirjutuslaud
íróasztal
joonlaud
vonalzó
raamat
könyv
õpilane
tanuló

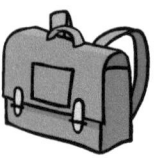

koolikott
iskolatáska

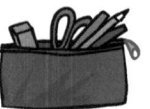

pinal
tolltartó

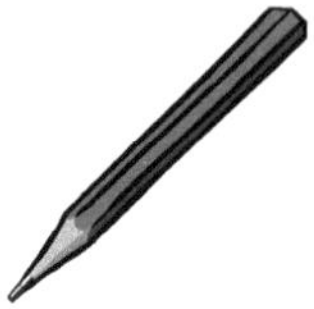

harilik pliiats
ceruza

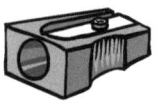

pliiatsiteritaja
ceruzahegyező

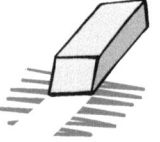

kustukumm
radír

joonistusplokk
rajzfüzet

joonistus
rajz

pintsel
ecset

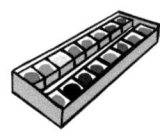

värvikarp
festőkészlet

käärid
olló

liim
ragasztó

töövihik
munkafüzet

kodutöö
házi feladat

12

number
szám

2+2

liitma
összead

5-2

lahutama
kivon

2×2

korrutama
szoroz

arvutama
számol

A

täht
betű

ABCDEFG
HIJKLMN
OPQRSTU
VWXYZ

tähestik
ABC

sõna
szó

tekst
....
szöveg

lugema
....
olvasni

kriit
....
kréta

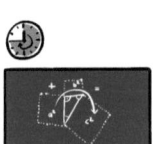

koolitund
....
tanóra

klassipäevik
....
napló

eksam
....
vizsga

tunnistus
....
bizonyítvány

koolivorm
....
iskolai egyenruha

haridus
....
oktatás

entsüklopeedia
....
enciklopédia

ülikool
....
egyetem

mikroskoop
....
mikroszkóp

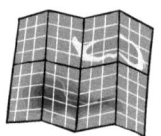

kaart
....
térkép

paberikorv
....
papír-hulladék gyűjtő

reisimine
utazás

hotell
hotel
Grand
hostel
szállás
ROOMS
valuutavahetuspunkt
valutaváltó iroda
EXCHANGE
kohver
bőrönd
auto
autó

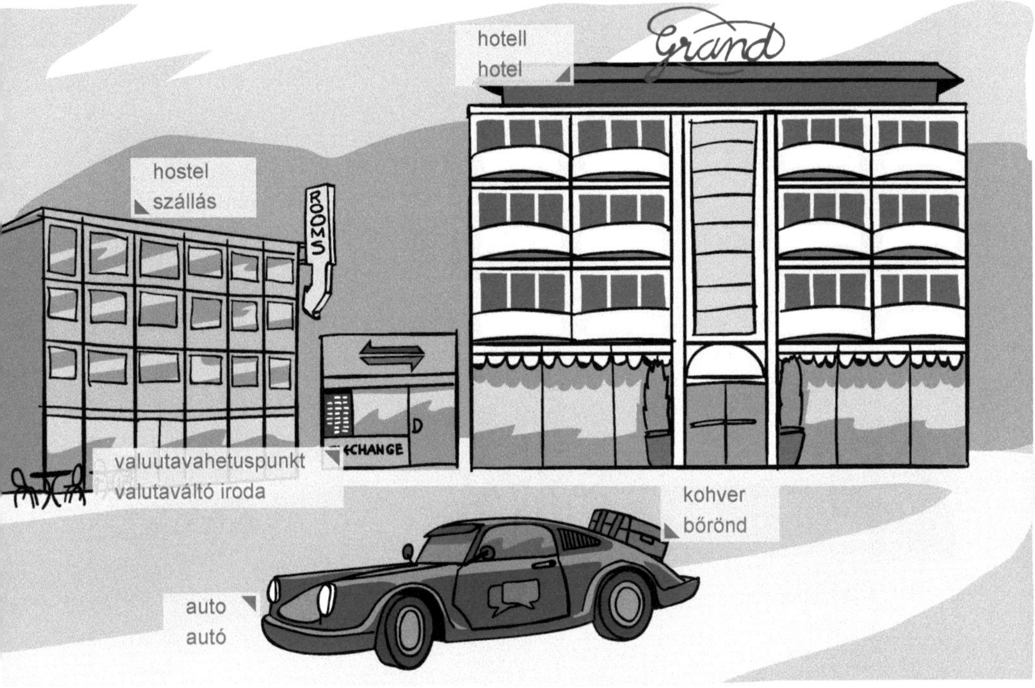

keel

nyelv

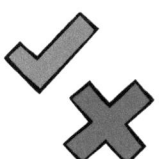

jah / ei

igen/nem

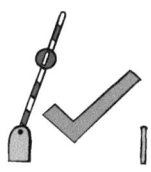

okei

rendben

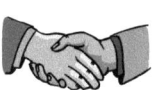

Tere!

szia

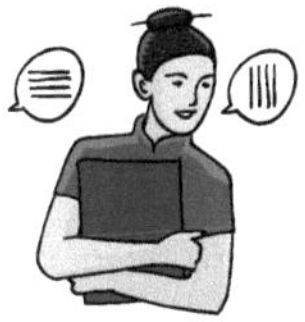

tõlk

fordító

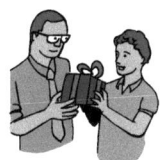

Aitäh!

köszönöm

Kui palju maksab ...?

mennyibe kerül...?

Ma ei saa aru

nem értem

probleem

probléma

Tere õhtust!

Jó estét!

Tere hommikust!

jó reggelt!

Head ööd!

jó éjszakát!

Head aega!

viszontlátásra

suund

útirány

pagas

poggyász

kott

táska

seljakott

hátizsák

külaline

vendég

tuba

szoba

magamiskott

hálózsák

telk

sátor

turismiinfo

turista információ

rand

strand

krediitkaart

hitelkártya

hommikusöök

reggeli

lõunasöök

ebéd

õhtusöök

vacsora

pilet

jegy

lift

lift

postmark

bélyeg

riigipiir

határ

toll

vám

saatkond

nagykövetség

viisa

vízum

pass

útlevél

transport
közlekedés

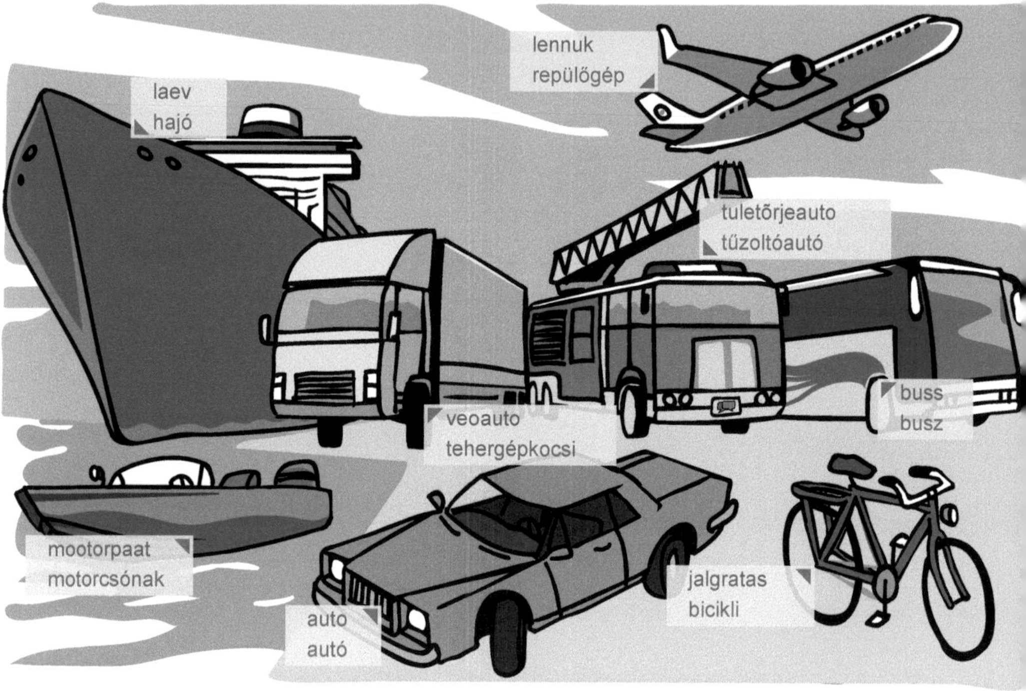

laev
hajó
lennuk
repülőgép
tuletõrjeauto
tűzoltóautó
veoauto
tehergépkocsi
buss
busz
mootorpaat
motorcsónak
auto
autó
jalgratas
bicikli

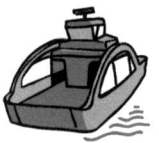

praam

komp

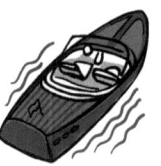

paat

csónak

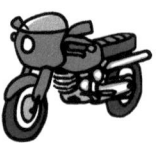

mootorratas

motorkerékpár

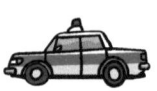

politseiauto

rendőrautó

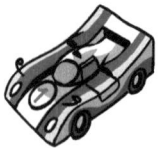

võidusõiduauto

versenyautó

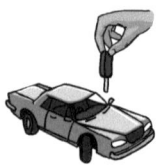

rendiauto

bérautó

üühisauto

telekocsi

puksiirauto

vontató

prügiauto

szemetes autó

mootor

motor

kütus

üzemanyag

tankla

benzinkút

liiklusmärk

közlekedési tábla

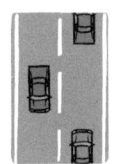

liiklus

forgalom

liiklusummik

forgalmi dugó

parkla

parkoló

raudteejaam

vonatállomás

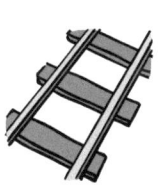

rööpad

sínek

rong

vonat

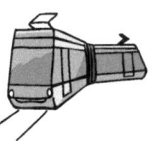

tramm

villamos

vagun

vagon

helikopter

helikopter

lennujaam

repülőtér

torn

torony

reisija

utas

konteiner

konténer

pappkast

kartondoboz

käru

taliga

korv

kosár

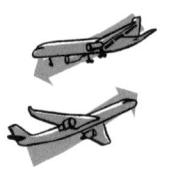

õhku tõusma / maanduma

felszáll / leszáll

linn

város

küla

falu

kesklinn

városközpont

maja

ház

10

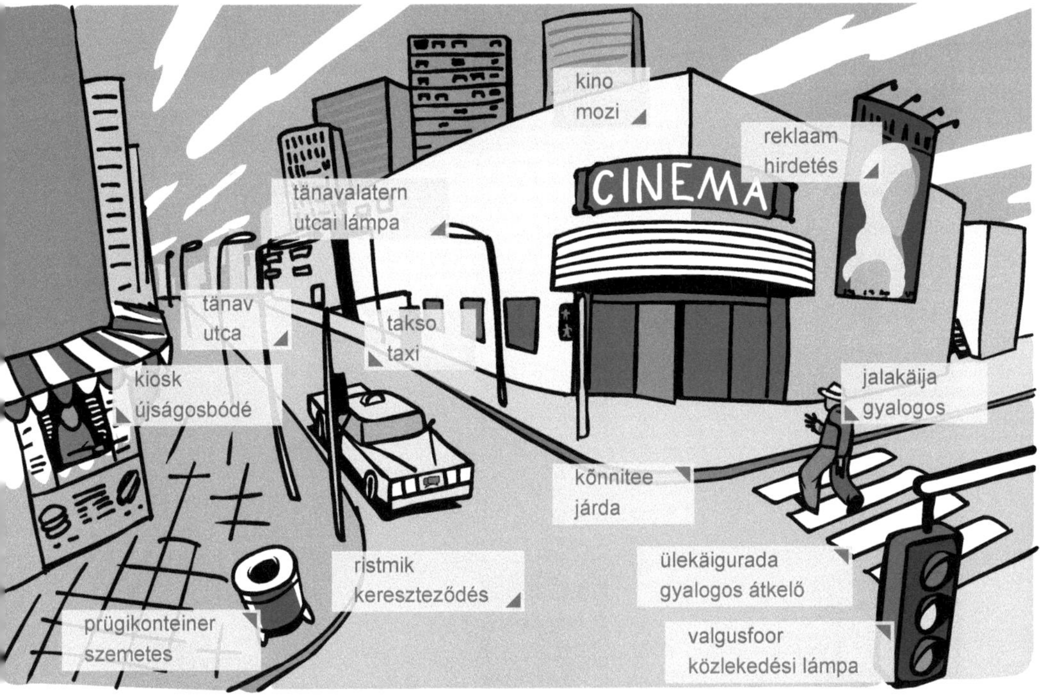

kino
mozi

reklaam
hirdetés

tänavalatern
utcai lámpa

CINEMA

tänav
utca

takso
taxi

jalakäija
gyalogos

kiosk
újságosbódé

kõnnitee
járda

ristmik
kereszteződés

ülekäigurada
gyalogos átkelő

prügikonteiner
szemetes

valgusfoor
közlekedési lámpa

osmik
....
kunyhó

kortermaja
....
lakás

raudteejaam
....
vonatállomás

raekoda
....
városháza

muuseum
....
múzeum

kool
....
iskola

ülikool

egyetem

pank

bank

haigla

kórház

hotell

hotel

apteek

gyógyszertár

kontor

iroda

raamatupood

könyvesbolt

kauplus

üzlet

lillepood

virágüzlet

supermarket

szupermarket

turg

piac

kaubamaja

áruház

kalapood

halárus

kaubanduskeskus

bevásárló központ

sadam

kikötő

park
park

pink
pad

sild
híd

trepp
lépcső

metroo
metró

tunnel
alagút

bussipeatus
buszmegálló

baar
bár

restoran
étterem

postkast
postaláda

tänavasilt
utcatábla

parkimisautomaat
parkoló óra

loomaaed
állatkert

ujula
uszoda

mošee
mecset

talu
gazdálkodás

reostus
környezetszennyezés

surnuaed
temető

kirik
templom

mänguväljak
játszótér

tempel
szentély

maastik
táj

leht
levél

teeviit
útjelző tábla

tee
út

aas
rét

kivi
kő

puu
fa

matkaja
túrázó

jõgi
folyó

rohi
fű

lill
virág

org
völgy

mägi
domb

järv
tó

mets
erdő

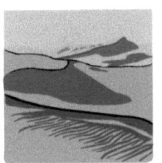

kõrb
sivatag

vulkaan
vulkán

linnus
kastély

vikerkaar
szivárvány

seen
gomba

palm
pálmafa

sääsk
szúnyog

kärbes
légy

sipelgas
hangya

mesilane
méhecske

ämblik
pók

mardikas
bogár

konn
béka

orav
mókus

siil
sündisznó

jänes
nyúl

öökull
bagoly

lind
madár

luik
hattyú

metssiga
vaddisznó

hirv
szarvas

põder
rénszarvas

pais
gát

tuuleturbiin
szélturbina

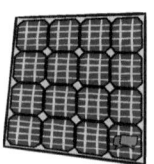

päikesepaneel
napelem

kliima
éghajlat

restoran
étterem

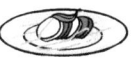

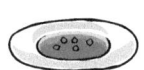

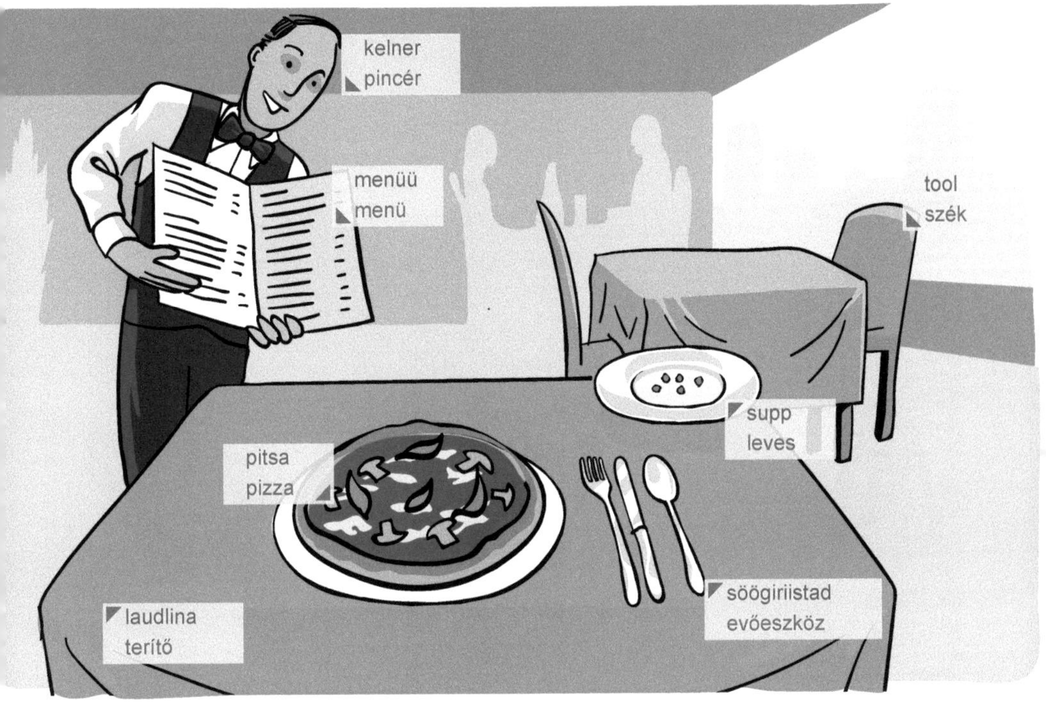
kelner
pincér
menüü
menü
tool
szék
supp
leves
pitsa
pizza
söögiriistad
evőeszköz
laudlina
terítő

eelroog

előétel

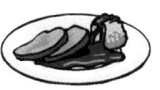

pearoog

főétel

magustoit

desszert

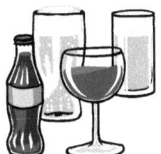

joogid

italok

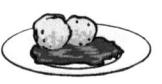

toit

étel

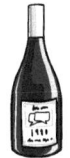

pudel

üveg

kiirtoit

gyorsétel

tänavatoit

gyorsétel

teekann

teás kanna

suhkrutoos

cukortartó

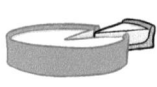

portsjon

adag

espressomasin

eszpresszógép

lastetool

bárszék

arve

számla

kandik

tálca

nuga

kés

kahvel

villa

lusikas

kanál

teelusikas

teáskanál

salvrätik

szalvéta

klaas

pohár

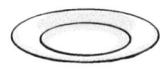

taldrik
tányér

supitaldrik
leveses tányér

alustass
csészealj

kaste
szósz

soolatoos
sószóró

pipraveski
borsőrlő

äädikas
ecet

õli
étkezési olaj

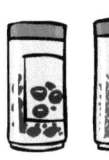

vürtsid
fűszerek

ketšup
ketchup

sinep
mustár

majonees
majonéz

supermarket
szupermarket

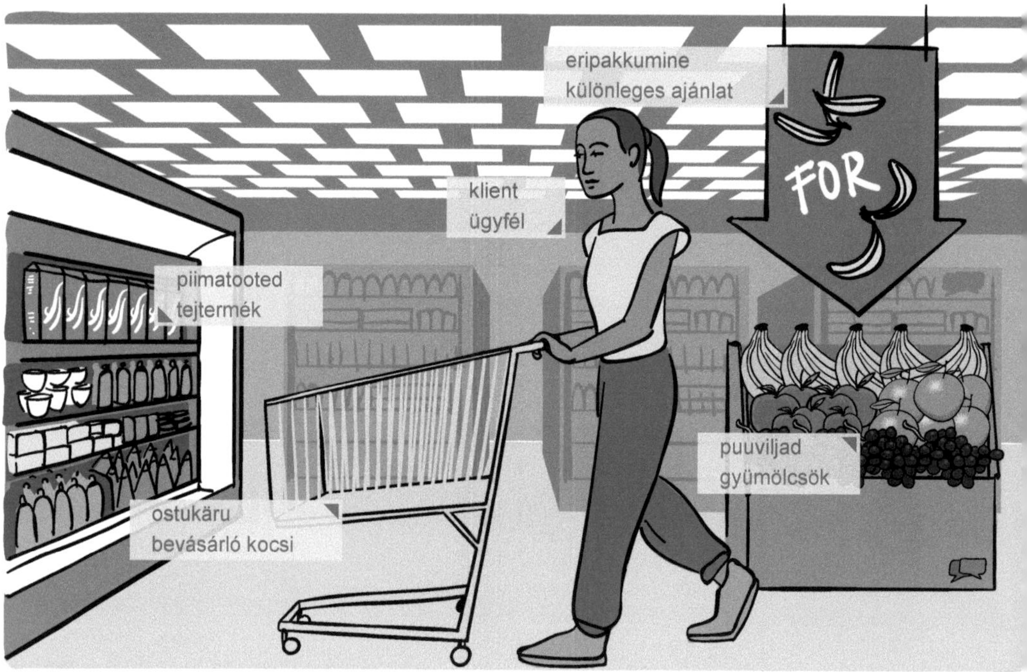

eripakkumine
különleges ajánlat
FOR
klient
ügyfél
piimatooted
tejtermék
puuviljad
gyümölcsök
ostukäru
bevásárló kocsi

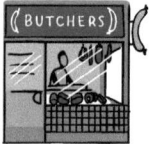

BUTCHERS

lihapood
hentes

BAKERY

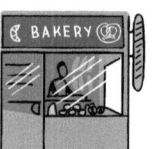

pagariäri
pékség

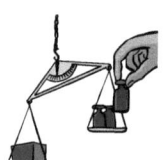

kaaluma
nyom valamennyit

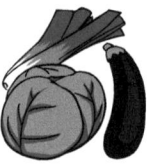

köögiviljad
zöldség

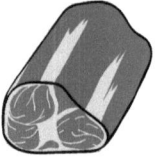

liha
hús

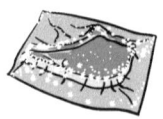

külmutatud toit
fagyasztott áru

lihalõigud

felvágott

konservid

konzerv

pesupulber

mosópor

maiustused

édességek

majatarbed

háztartási termék

puhastustooted

tisztítószerek

müüja

eladó

kassaaparaat

pénztárgép

kassapidaja

eladó

ostunimekiri

bevásárló lista

lahtiolekuajad

nyitva tartás

rahakott

levéltárca

krediitkaart

hitelkártya

kott

zacskó

kilekott

műanyag zacskó

vesi

víz

mahl

gyümölcslé

piim

tej

koola

kóla

vein

bor

õlu

sör

alkohol

alkohol

kakao

kakaó

tee

tea

kohv

kávé

espresso

eszpresszó

cappuccino

kapucsínó

banaan

banán

õun

alma

apelsin

narancs

arbuus

sárgadinnye

sidrun

citrom

porgand

sárgarépa

küüslauk

fokhagyma

bambus

bambusz

sibul

hagyma

seen

gomba

pähklid

magvak

nuudlid

nokedli

spagetid

spagetti

riis

rizs

salat

saláta

friikartulid

sült krumpli

praekartulid

sült burgonya

pitsa

pizza

hamburger

hamburger

võileib

szendvics

šnitsel

hússzelet

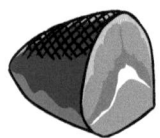

sink

sonka

salaami

szalámi

vorst

kolbász

kana

csirke

praeliha

pecsenye

kala

hal

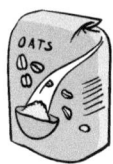

kaerahelbed

zabkása

müsli

müzli

maisihelbed

kukoricapehely

jahu

liszt

sarvesai

croissant

kukkel

zsemle

leib

kenyér

röstsai

pirítós kenyér

küpsised

keksz

või

vaj

kohupiim

túró

kook

sütemény

muna

tojás

praemuna

tükörtojás

juust

sajt

toit - étel

jäätis

jégkrém

suhkur

cukor

mesi

méz

moos

lekvár

pähklivõie

mogyorókrém

karri

curry

26

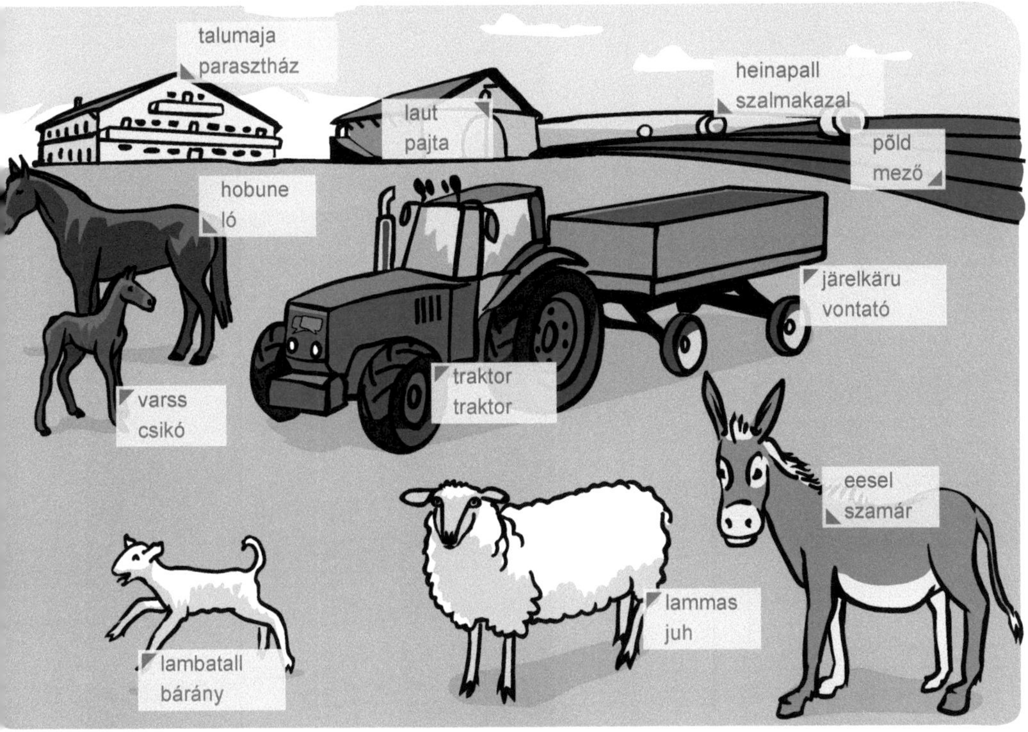

talumaja
parasztház

heinapall
szalmakazal

laut
pajta

põld
mező

hobune
ló

järelkäru
vontató

varss
csikó

traktor
traktor

eesel
szamár

lammas
juh

lambatall
bárány

kits

kecske

lehm

tehén

vasikas

borjú

siga

malac

põrsas

kismalac

pull

bika

hani

liba

part

kacsa

tibu

csibe

kana

tojó

kukk

kakas

rott

patkány

kass

macska

hiir

egér

härg

ökör

koer

kutya

koerakuut

kutyaház

aiavoolik

kerti öntözőcső

kastekann

öntözőkanna

vikat

kasza

ader

eke

sirp
sarló

kõblas
kapa

hang
vasvilla

kirves
fejsze

käru
talicska

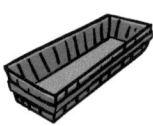

küna
teknő

piimanõu
tejes kancsó

kott
zsák

tara
kerítés

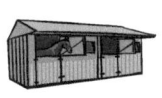

tall
istálló

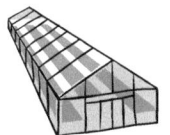

kasvuhoone
üvegház

muld
talaj

seeme
vetőmag

väetis
trágya

kombain
cséplőgép

saaki koristama
szüretelni

saagikoristus
betakarítás

jamss
yamgyökér

nisu
búza

soja
szója

kartul
burgonya

mais
kukorica

raps
repcemag

viljapuu
gyümölcsfa

maniokk
manióka

teravili
gabona

maja
ház

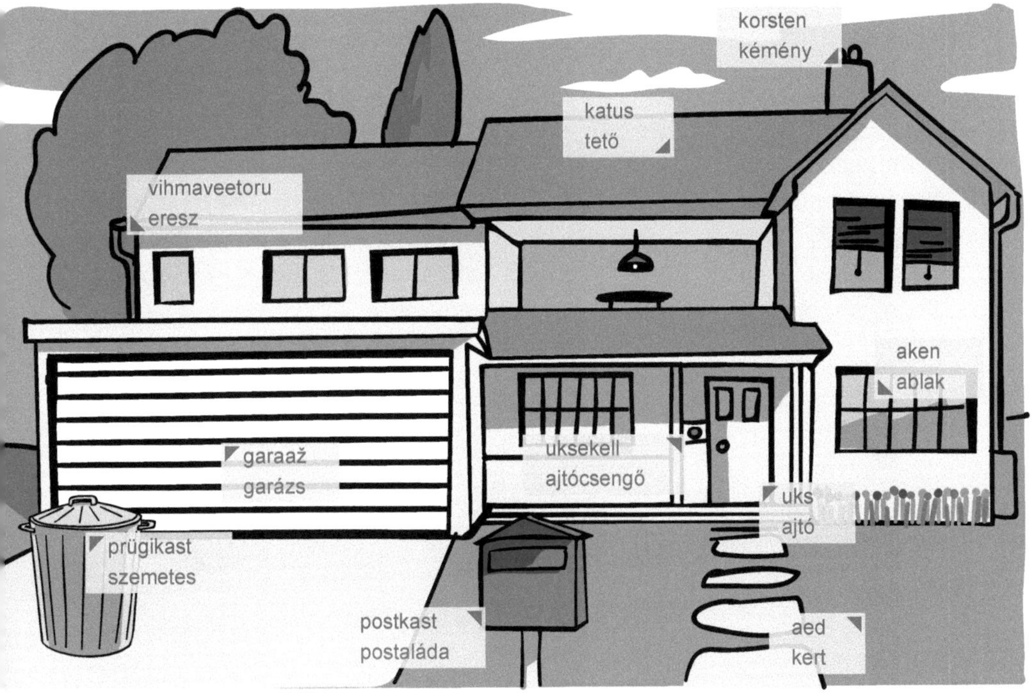

korsten
kémény
katus
tető
vihmaveetoru
eresz
aken
ablak
garaaž
garázs
uksekell
ajtócsengő
uks
ajtó
prügikast
szemetes
postkast
postaláda
aed
kert

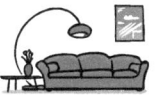

elutuba
nappali

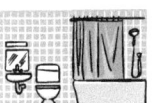

vannituba
fürdőszoba

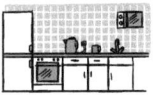

köök
konyha

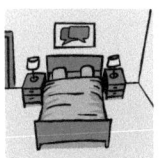

magamistuba
hálószoba

lastetuba
gyerekszoba

söögituba
ebédlő

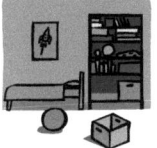

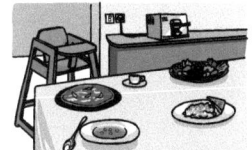

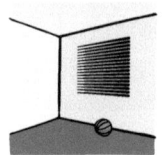

põrand
padló

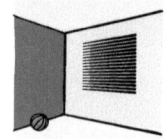

sein
fal

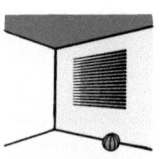

lagi
plafon

kelder
pince

saun
szauna

rõdu
erkély

terrass
terasz

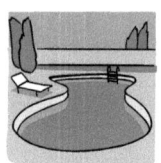

bassein
medence

muruniiduk
fűnyíró

voodilina
lepedő

päevatekk
ágytakaró

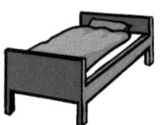

voodi
ágy

luud
seprű

ämber
vödör

lüliti
kapcsoló

elutuba
nappali

tapeet
tapéta
pilt
kép
lamp
lámpa
riiul
polc
kapp
szekrény
televiisor
televízió
kamin
kandalló
lill
virág
padi
párna
diivan
kanapé
vaas
váza
kaugjuhtimispult
távirányító

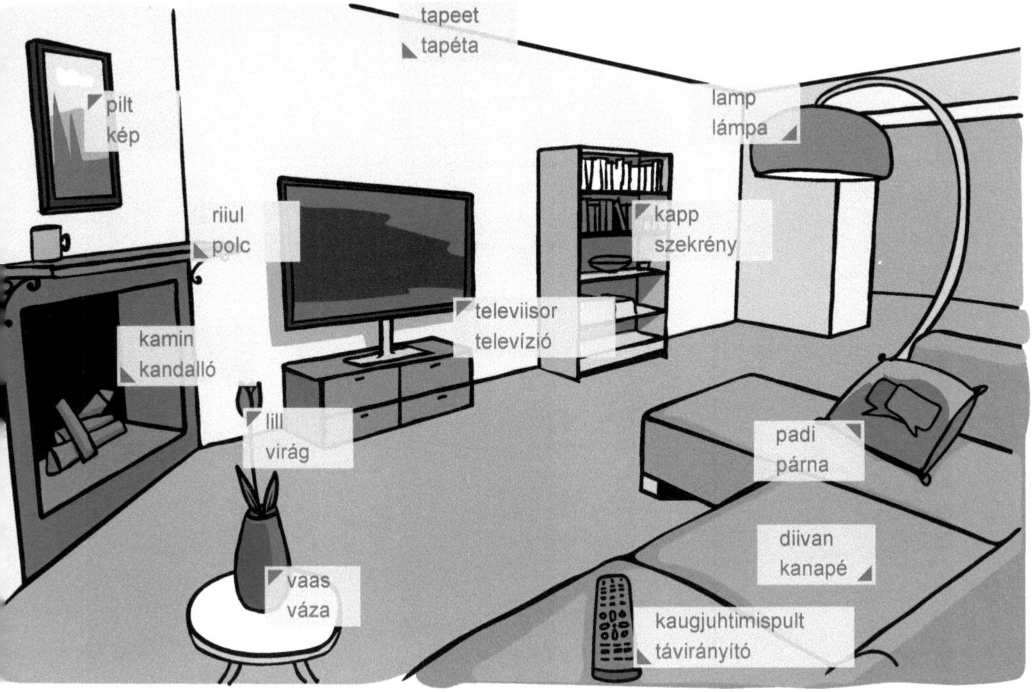

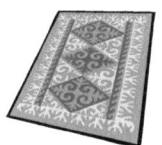

vaip
szőnyeg

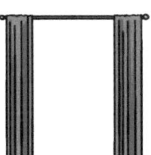

kardin
függöny

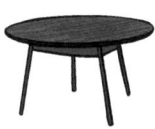

laud
asztal

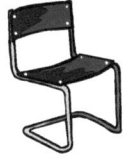

tool
szék

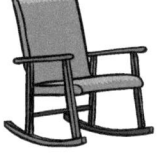

kiiktool
hintaszék

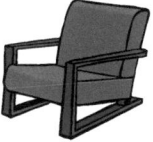

tugitool
karosszék

raamat

könyv

tekk

takaró

kaunistus

dekoráció

küttepuud

tűzifa

film

film

helisüsteem

hifi

võti

kulcs

ajaleht

újság

maal

festmény

plakat

poszter

raadio

rádió

märkmik

jegyzetfüzet

tolmuimeja

porszívó

kaktus

kaktusz

küünal

gyertya

köök
konyha

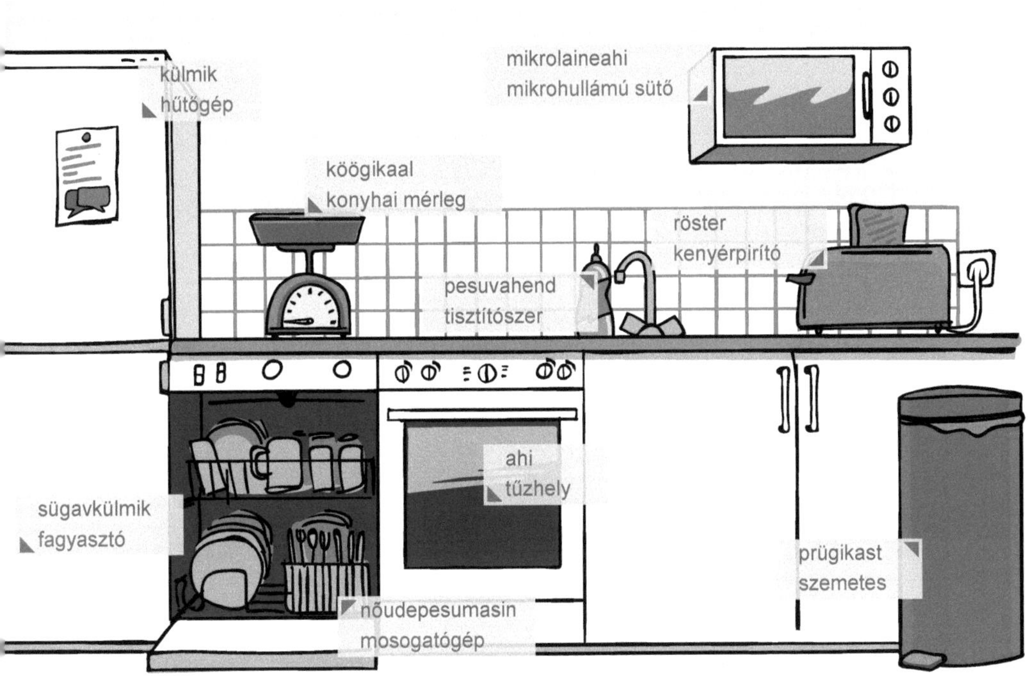
külmik
hűtőgép
mikrolaineahi
mikrohullámú sütő
köögikaal
konyhai mérleg
röster
kenyérpirító
pesuvahend
tisztítószer
ahi
tűzhely
sügavkülmik
fagyasztó
prügikast
szemetes
nõudepesumasin
mosogatógép

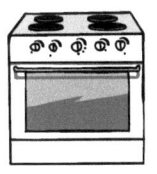

pliit

tűzhely

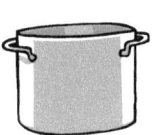

pott

edény

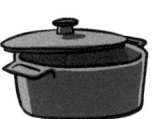

malmpott

vasfazék

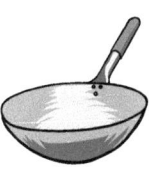

vokkpann

wok / kadai

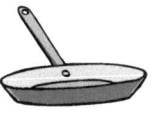

pann

serpenyő

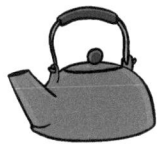

veekeetja

vízforraló

aurutaja

pároló

küpsetusplaat

tepsi

lauanõud

étkészlet

kruus

bögre

kauss

tálka

söögipulgad

evőpálcika

kulp

merőkanál

pannilabidas

keverőlapátka

vispel

habverő

kurn

szűrő

sõel

szita

riiv

reszelő

uhmer

mozsár

grill

grillsütő

lahtine tuli

kandalló

lõikelaud

vágódeszka

tainarull

sodrófa

korgitser

dugóhúzó

konservipurk

doboz

konserviavaja

konzervnyitó

pajakinnas

edényfogó

kraanikauss

mosogató

hari

kefe

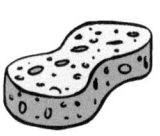

pesukäsn

szivacs

kannmikser

turmixgép

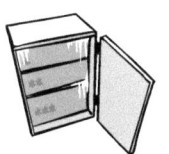

sügavkülmuti

mélyhűtő

lutipudel

cumisüveg

segisti

csap

vannituba
fürdőszoba

küte
fűtés
käterätik
törölköző
dušš
zuhany
dušikardin
zuhanyfüggöny
mullivann
habfürdő
vann
kád
klaas
pohár
pesumasin
mosógép
segisti
csap
plaadid
csempe
pissipott
bili
kraanikauss
mosogató

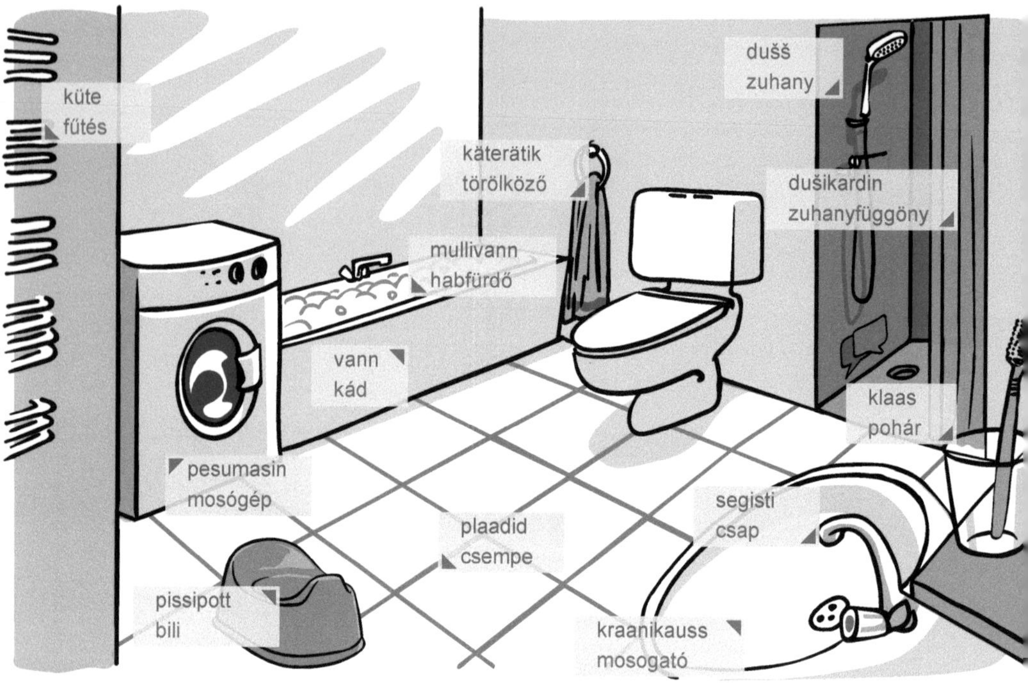

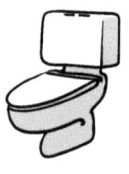

WC-pott
toalett

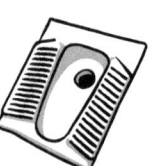

kükitamistualett
guggolós toalett

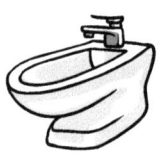

bidee
bidé

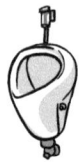

pissuaar
piszoár

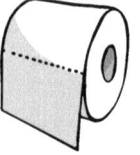

tualettpaber
toalett papír

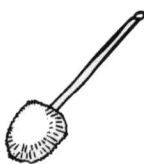

WC-hari
wc kefe

hambahari

fogkefe

hambapasta

fogkrém

hambaniit

fogselyem

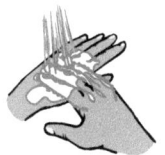

pesema

mosni

käsidušš

kézi zuhany

intiimdušš

intimzuhany

pesukauss

mosdótál

seljahari

hátmosó kefe

seep

szappan

dušigeel

tusfürdö

šampoon

sampon

vamm

mosdókesztyű

äravool

lefolyó

kreem

krém

deodorant

dezodor

peegel

tükör

käsipeegel

kézitükör

habemenuga

borotva

raseerimisvaht

borotvahab

habemevesi

borotválkozás utáni
arcszesz

kamm

fésű

hari

hajkefe

föön

hajszárító

juukselakk

hajlakk

meigikomplekt

smink

huulepulk

ajakrúzs

küünelakk

körömlakk

vatt

vatta

küünekäärid

körömvágó olló

parfüüm

parfüm

tualett-tarvete kott

neszesszer

taburet

sámli

kaal

mérleg

hommikumantel

köntös

kummikindad

gumikesztyű

tampoon

tampon

hügieeniside

egészségügyi betét

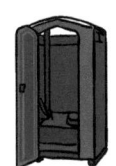

keemiline tualett

vegyi WC

lastetuba
gyerekszoba

äratuskell
ébresztő óra
pehme mänguasi
plüssállat
mänguauto
játékautó
kõristi
csörgő
nukumaja
babaház
kingitus
ajándék

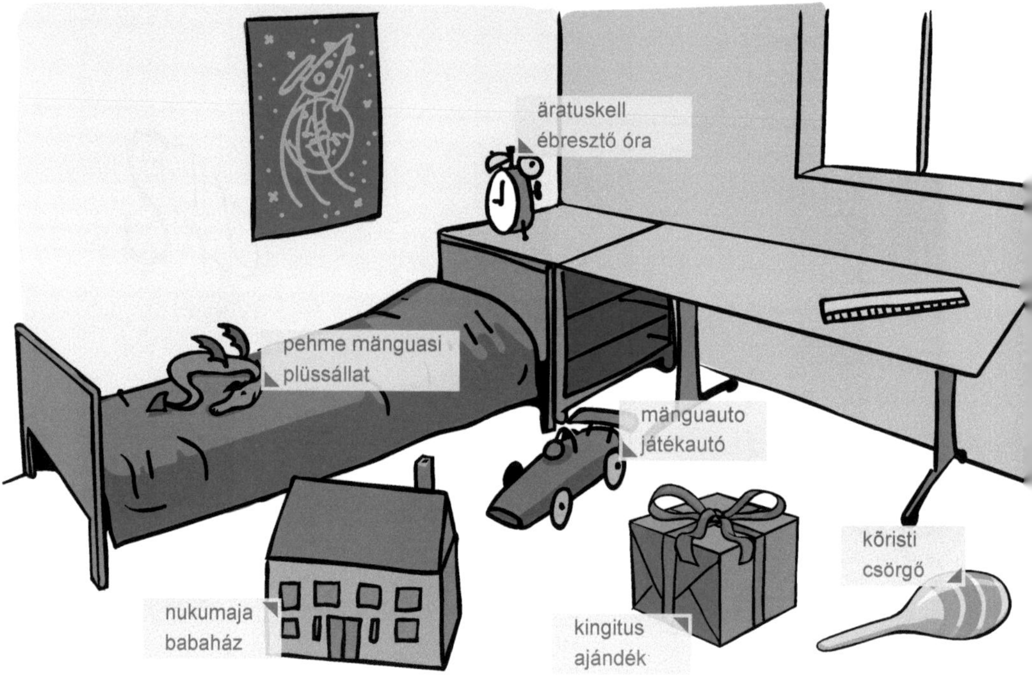

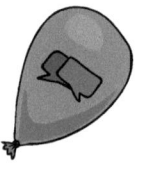

õhupall

lufi

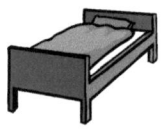

voodi

ágy

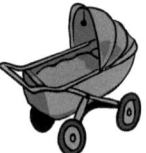

lapsevanker

babakocsi

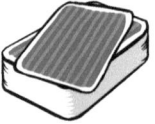

kaardipakk

kártyapakli

pusle

kirakós játék

SUPER
MEGA

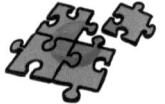

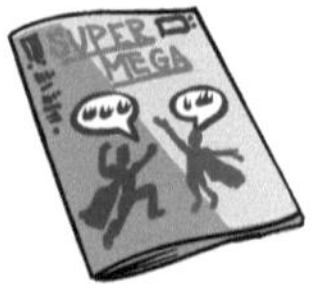

koomiks

képregény

Lego klotsid

építőkockák

klotsid

építőelem

kujuke

szuperhős

siputuspüksid

rugdalózó

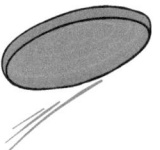

lendav taldrik

frizbi

voodikarussell

zenélő forgó

lauamäng

társasjáték

täringud

kocka

mudelrong

modellvasút

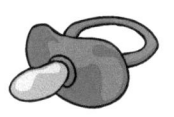

lutt

cumi

pidu

zsúr

pildiraamat

képeskönyv

pall

labda

nukk

baba

mängima

játszani

liivakast

homokozó

kiik

hinta

mänguasjad

játékok

mängukonsool

videójáték konzol

kolmerattaline jalgratas

tricikli

mängukaru

teddi maci

riidekapp

ruhásszekrény

riietus
ruházat

sokid

zokni

sukad

harisnya

sukkpüksid

harisnyanadrág

sall
sál

vihmavari
esernyő

T-särk
póló

vöö
öv

saapad
csizma

sussid
papucs

tossud
tornacipő

sandaalid
szandál

jalatsid
cipő

kummikud
gumicsizma

aluspüksid
alsónadrág

rinnahoidja
melltartó

vest
mellény

riietus - ruházat

45

bodi

body

püksid

nadrág

teksapüksid

farmer

seelik

szoknya

pluus

blúz

särk

ing

sviiter

pulóver

dressipluus

kapucnis pulóver

bleiser

blézer

jakk

dzseki

mantel

kabát

vihmamantel

esökabát

kostüüm

kosztüm

kleit

ruha

pulmakleit

esküvői ruha

ülikond

öltöny

öösärk

hálóing

pidžaama

pizsama

sari

szári

pearätt

fejkendő

turban

turbán

burka

burka

kaftan

kaftán

abayah

abaya

ujumistrikoo

fürdőruha

ujumispüksid

fürdőnadrág

lühikesed püksid

rövidnadrág

dressid

tréningruha

põll

kötény

kindad

kesztyű

nööp

gomb

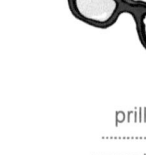

prillid

szemüveg

käevõru

karkötő

kaelakee

nyaklánc

sõrmus

gyűrű

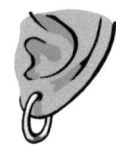

kõrvarõngas

fülbevaló

nokamüts

sapka

riidepuu

vállfa

kaabu

kalap

lips

nyakkendő

tõmblukk

cipzár

kiiver

bukósisak

traksid

nadrágtartó

koolivorm

iskolai egyenruha

vormirõivad

egyenruha

pudipõll
....
elõke

lutt
....
cumi

mähe
....
pelenka

kontor

iroda

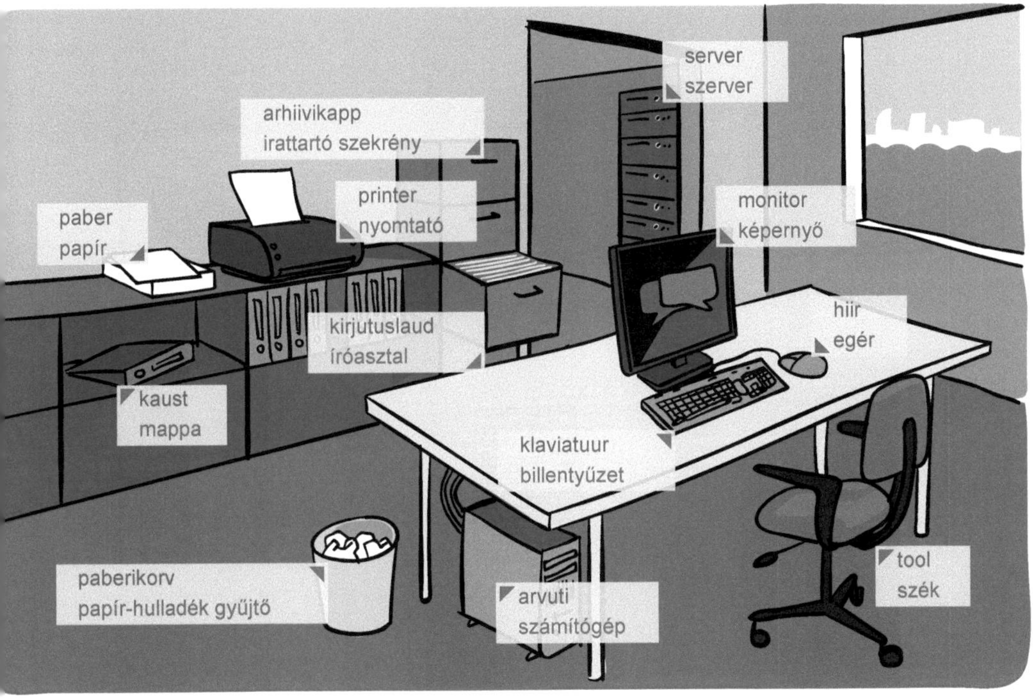

server
szerver

arhiivikapp
irattartó szekrény

printer
nyomtató

monitor
képernyő

paber
papír

kirjutuslaud
íróasztal

hiir
egér

kaust
mappa

klaviatuur
billentyűzet

paberikorv
papír-hulladék gyűjtő

arvuti
számítógép

tool
szék

kohvikruus
....
kávéscsésze

kalkulaator
....
számológép

internet
....
internet

sülearvuti

laptop

kiri

levél

sõnum

üzenet

mobiiltelefon

mobiltelefon

võrk

hálózat

koopiamasin

fénymásoló

tarkvara

szoftver

telefon

telefon

pistikupesa

konnektor

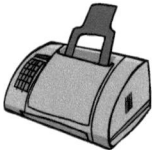

faksimasin

faxgép

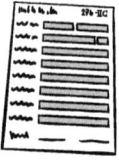

vorm

formanyomtatvány

dokument

dokumentum

kontor - iroda

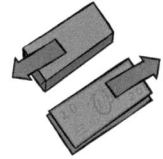

ostma

venni

maksma

fizetni

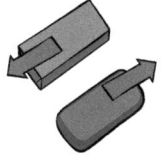

vahetama

kereskedni

raha

pénz

USD

dollar

dollár

EUR

euro

euró

JPY

jeen

jen

RUB

rubla

rubel

CHF

Šveitsi frank

svájci frank

CNY

renminbi jüaan

kínai jüan

INR

ruupia

rúpia

sularahaautomaat

bankautomata

valuutavahetuspunkt

valutaváltó iroda

kuld

arany

hõbe

ezüst

nafta

olaj

energia

energia

hind

ár

leping

szerződés

maks

adó

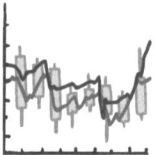

aktsia

részvény

töötama

dolgozni

töötaja

munkavállaló

tööandja

munkaadó

tehas

gyár

kauplus

üzlet

ametid
foglalkozások

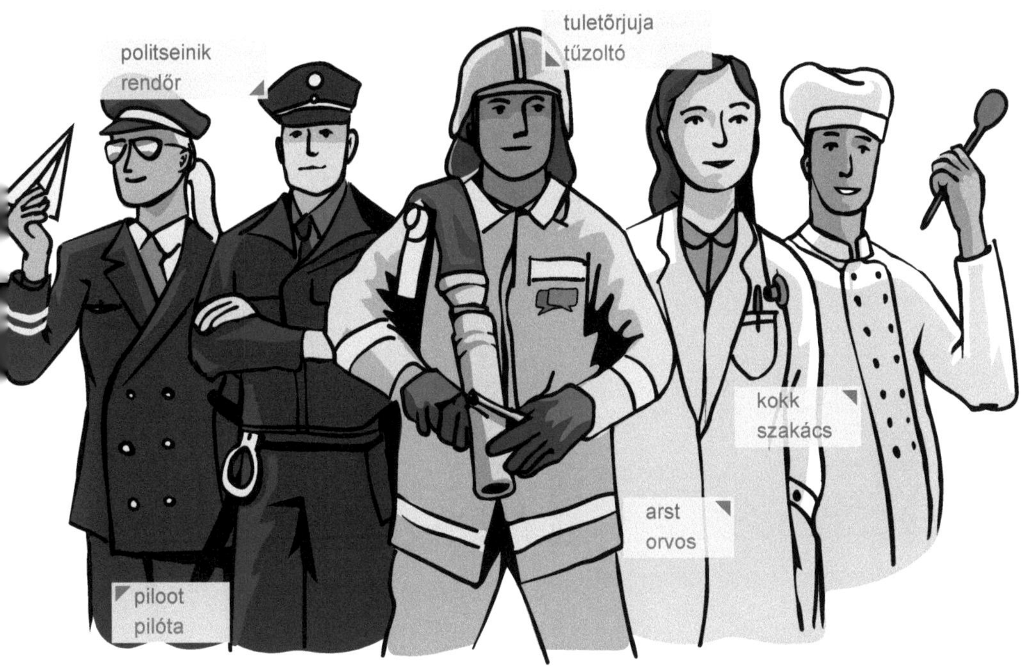

politseinik
rendőr
tuletõrjuja
tűzoltó
kokk
szakács
arst
orvos
piloot
pilóta

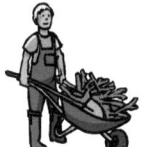

aednik

kertész

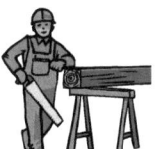

puusepp

kárpitos

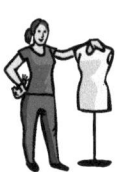

õmbleja

varrónő

kohtunik

bíró

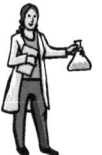

keemik

vegyész

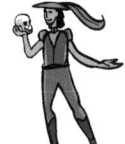

näitleja

színész

bussijuht

buszsofőr

taksojuht

taxisofőr

kalamees

halász

koristaja

bejárónő

katusepaigaldaja

tetőfedő

kelner

pincér

jahimees

vadász

maaler

festő

pagar

pék

elektrik

villanyszerelő

ehitaja

építőmunkás

insener

mérnök

lihunik

hentes

torumees

vízvezeték-szerelő

postiljon

postás

sõdur

katona

arhitekt

építész

kassapidaja

eladó

lillemüüja

virágos

juuksur

fodrász

piletikontrolör

kalauz

mehaanik

műszerész

kapten

kapitány

hambaarst

fogorvos

teadlane

tudós

rabi

rabbi

imaam

imám

munk

szerzetes

preester

lelkész

tööriistad
szerszámok

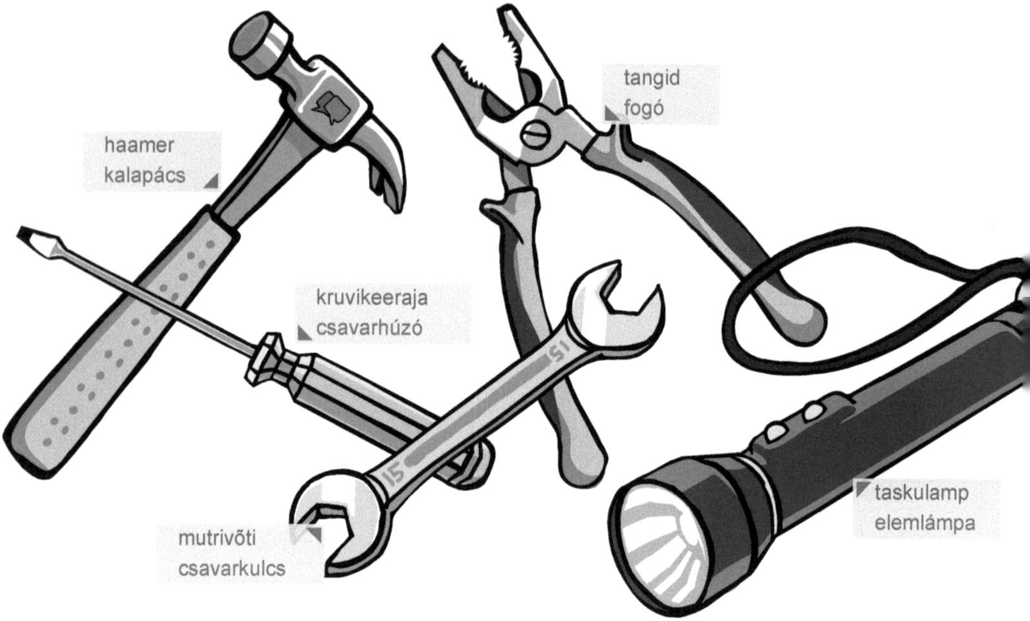
haamer
kalapács
tangid
fogó
kruvikeeraja
csavarhúzó
taskulamp
elemlámpa
mutrivõti
csavarkulcs

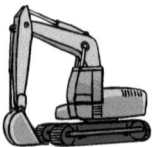

ekskavaator

markológép

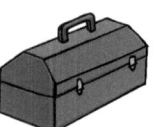

tööriistakast

szerszámosláda

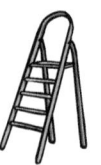

redel

vödör

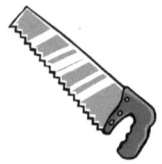

saag

fűrész

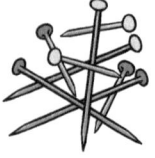

naelad

szög

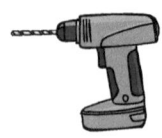

trell

fúrógép

parandama
....
megjavítani

labidas
....
lapát

Põrgusse!
....
A francba!

kühvel
....
szemétlapát

värvipott
....
festékesdoboz

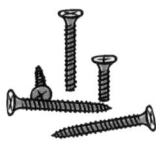

kruvid
....
csavar

pillid
hangszerek

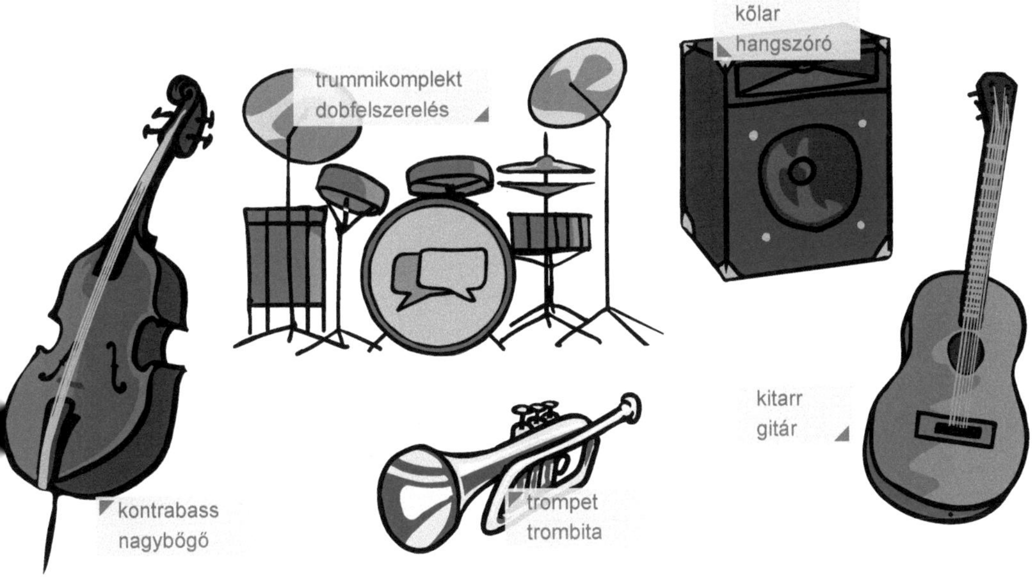

kõlar
hangszóró

trummikomplekt
dobfelszerelés

kitarr
gitár

kontrabass
nagybőgő

trompet
trombita

klaver

zongora

viiul

hegedű

bass

basszusgitár

timpan

üstdob

trummid

dobok

süntesaator

digitális zongora

saksofon

szaxofon

flööt

fuvola

mikrofon

mikrofon

loomaaed
állatkert

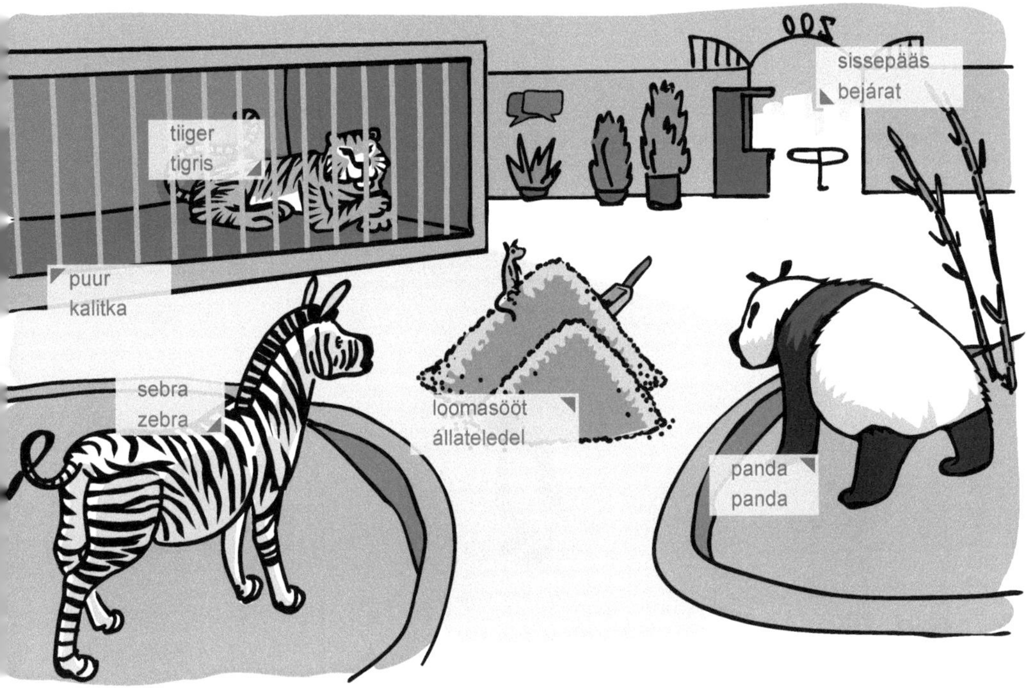

tiiger
tigris
sissepääs
bejárat
puur
kalitka
sebra
zebra
loomasööt
állateledel
panda
panda

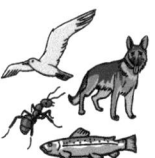

loomad
....
állatok

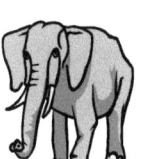

elevant
....
elefánt

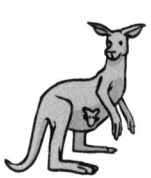

känguru
....
kenguru

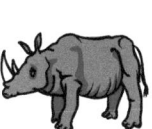

ninasarvik
....
orrszarvú

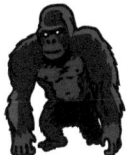

gorilla
....
gorilla

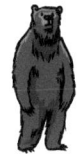

karu
....
medve

kaamel

teve

jaanalind

strucc

lõvi

oroszlán

ahv

majom

flamingo

flamingó

papagoi

papagáj

jääkaru

jegesmedve

pingviin

pingvin

hai

cápa

paabulind

páva

madu

kígyó

krokodill

krokodil

loomaaiatalitaja

állatgondozó

hüljes

fóka

jaaguar

jaguár

poni

póniló

leopard

leopárd

jõehobu

víziló

kaelkirjak

zsiráf

kotkas

sas

metssiga

vaddisznó

kala

hal

kilpkonn

teknős

morsk

rozmár

rebane

róka

gasell

gazella

Ameerika jalgpall
amerikai futball

jalgrattasõit
kerékpározás

tennis
tenisz

korvpall
kosárlabda

ujumine
úszás

jäähoki
jégkorong

poksimine
boksz

jalgpall	sulgpall	kergejõustik
futball	tollas	atlétika
käsipall	suusatamine	polo
kézilabda	síelés	lovaspóló

tegevused
tevékenységek

naerma
nevetni
hüppama
ugrani
kallistama
ölelni
jalutama
sétálni
laulma
énekelni
unistama
álmodni
palvetama
dicsérni
suudlema
csókolni

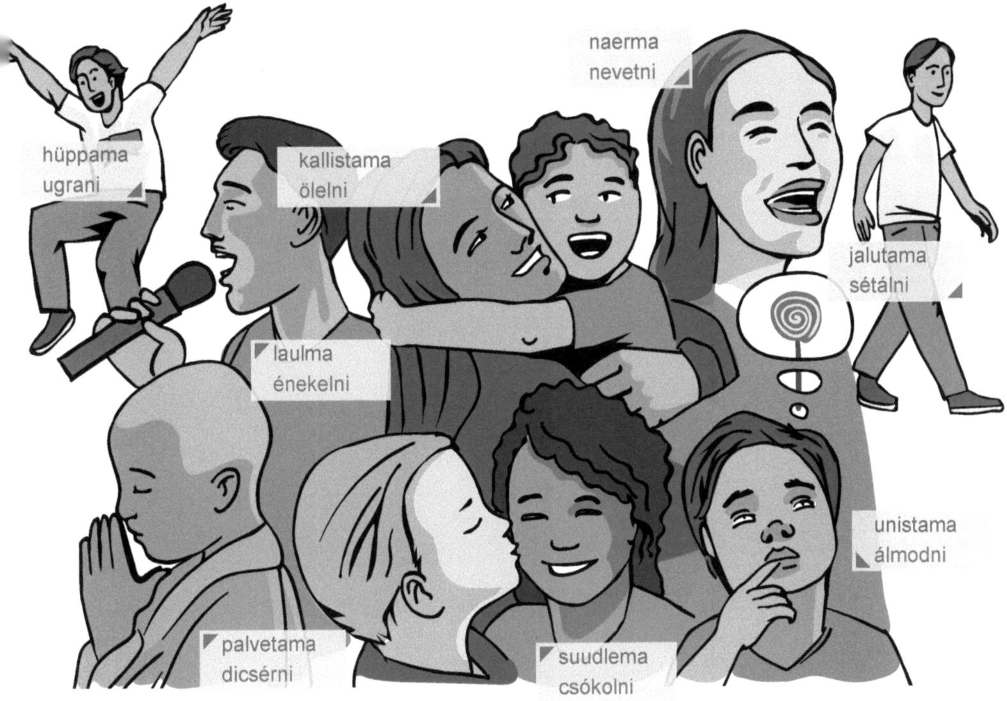

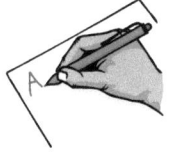

kirjutama

írni

joonistama

rajzolni

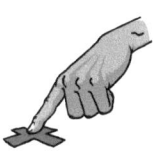

näitama

mutatni

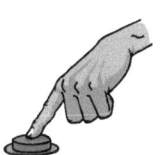

lükkama

tolni

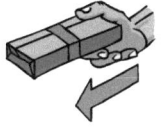

andma

adni

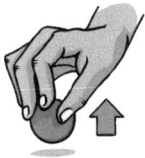

võtma

vinni

omama
birtokolni

tegema
csinálni

olema
lenni

seisma
állni

jooksma
futni

tõmbama
húzni

viskama
hajít

kukkuma
esni

lamama
hazudni

ootama
várni

kandma
vinni

istuma
ülni

riidesse panema
felvenni

magama
aludni

ärkama
felébredni

vaatama

ránézni

nutma

sírni

paitama

simogat

kammima

fésülni

rääkima

beszélni

aru saama

megérteni

küsima

kérdezni

kuulama

hallgatni

jooma

inni

sööma

enni

korrastama

takarítani

armastama

szeretni

süüa tegema

főzni

sõitma

vezetni

lendama

szállni

purjetama

vitorlázni

arvutama

számol

lugema

olvasni

õppima

tanulni

töötama

dolgozni

abielluma

házasodni

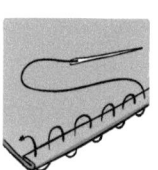

õmblema

varrni

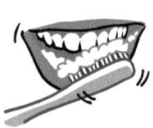

hambaid pesema

fogat mosni

tapma

ölni

suitsetama

dohányozni

saatma

küldeni

perekond
család

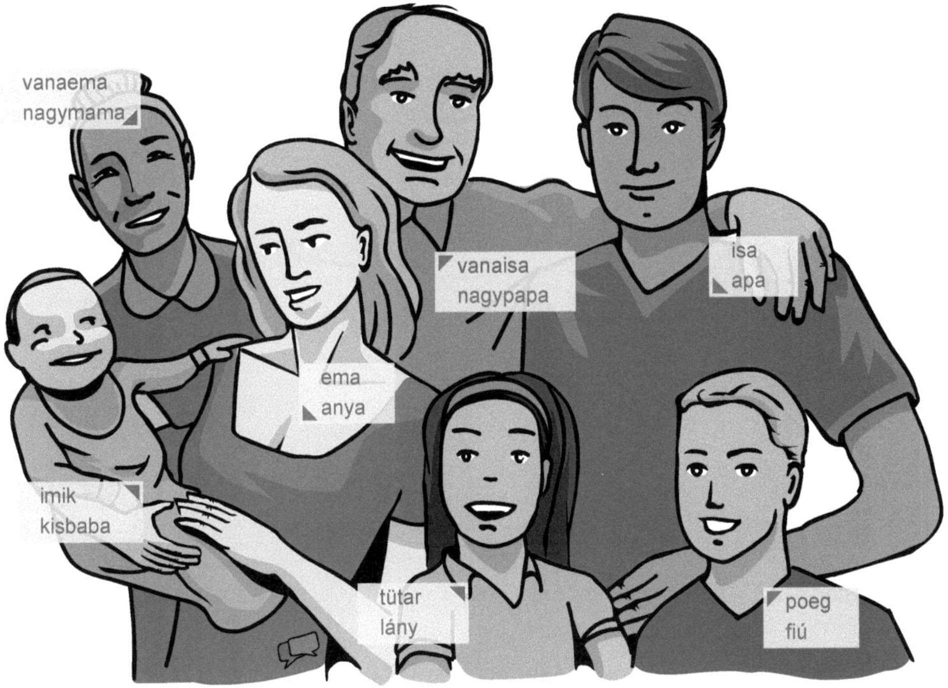
vanaema
nagymama
vanaisa
nagypapa
isa
apa
ema
anya
imik
kisbaba
tütar
lány
poeg
fiú

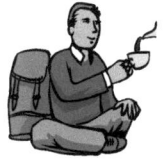

külaline

vendég

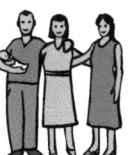

tädi

nagynéni

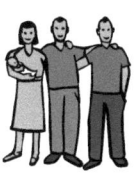

onu

nagybácsi

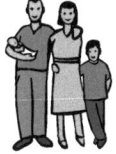

vend

fiútestvér

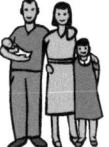

õde

lánytestvér

keha
test

otsmik
homlok
silm
szem
õlg
váll
sõrm
ujj
nägu
arc
lõug
áll
käsi
kéz
rind
mell
jalg
láb
käsivars
kar

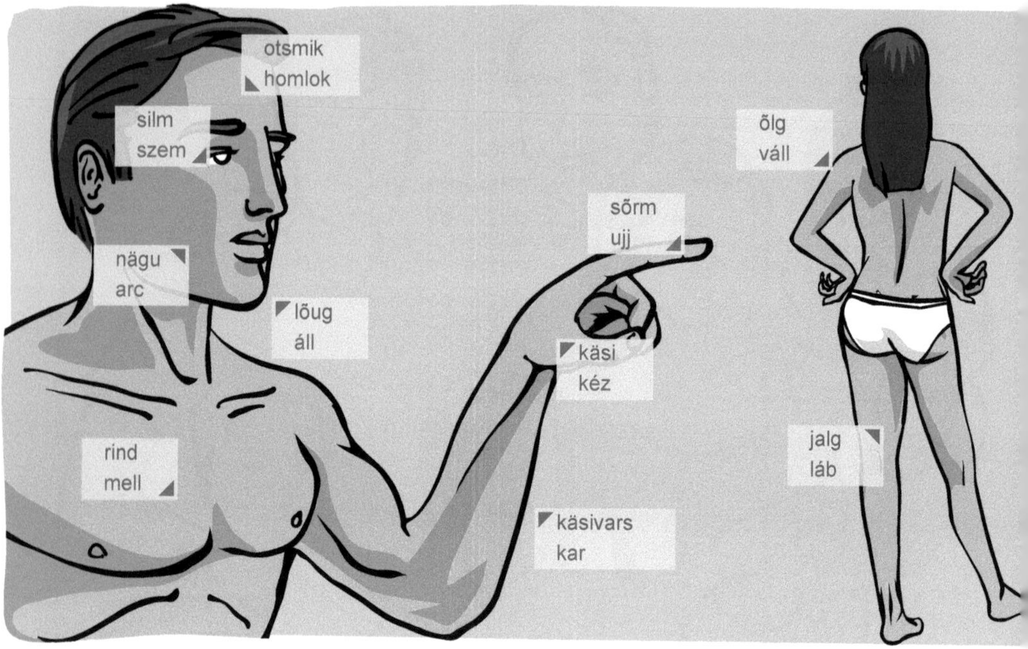

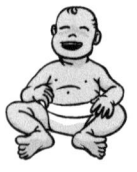

imik
kisbaba

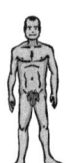

mees
ember

naine
nő

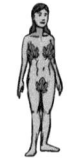

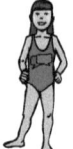

tüdruk
lány

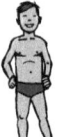

poiss
fiú

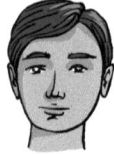

pea
fej

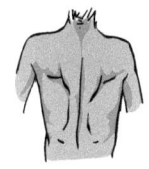

selg
_____
hát

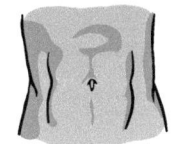

kõht
_____
has

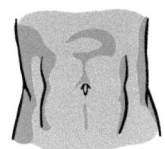

naba
_____
köldök

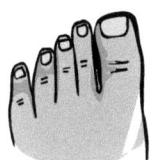

varvas
_____
lábujj

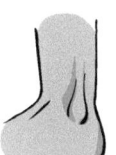

kand
_____
sarok

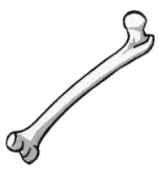

luu
_____
csont

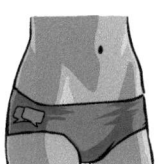

puus
_____
csípő

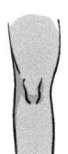

põlv
_____
térd

küünarnukk
_____
könyök

nina
_____
orr

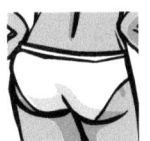

tagumik
_____
fenék

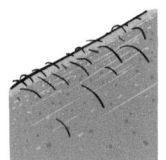

nahk
_____
bőr

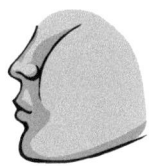

põsk
_____
orca

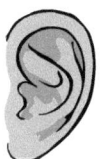

kõrv
_____
fül

huuled
_____
ajak

keha - test

suu
sz
áj

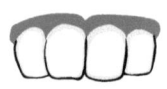

hammas
fog

keel
nyelv

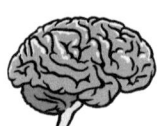

aju
agy

süda
szív

lihas
izom

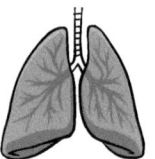

kops
tüdő

maks
máj

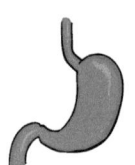

magu
gyomor

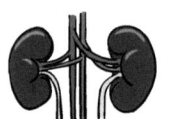

neerud
vese

seksuaalvahekord
szex

kondoom
kondom

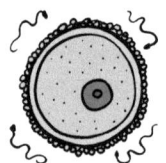

munarakk
petesejt

sperma
sperma

rasedus
terhesség

keha - test

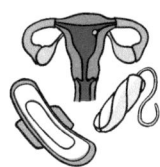

menstruatsioon

menstruáció

vagiina

vagina

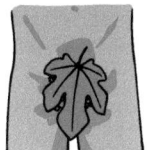

peenis

pénisz

kulm

szemöldök

juuksed

haj

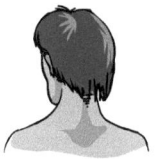

kael

nyak

haigla
kórház

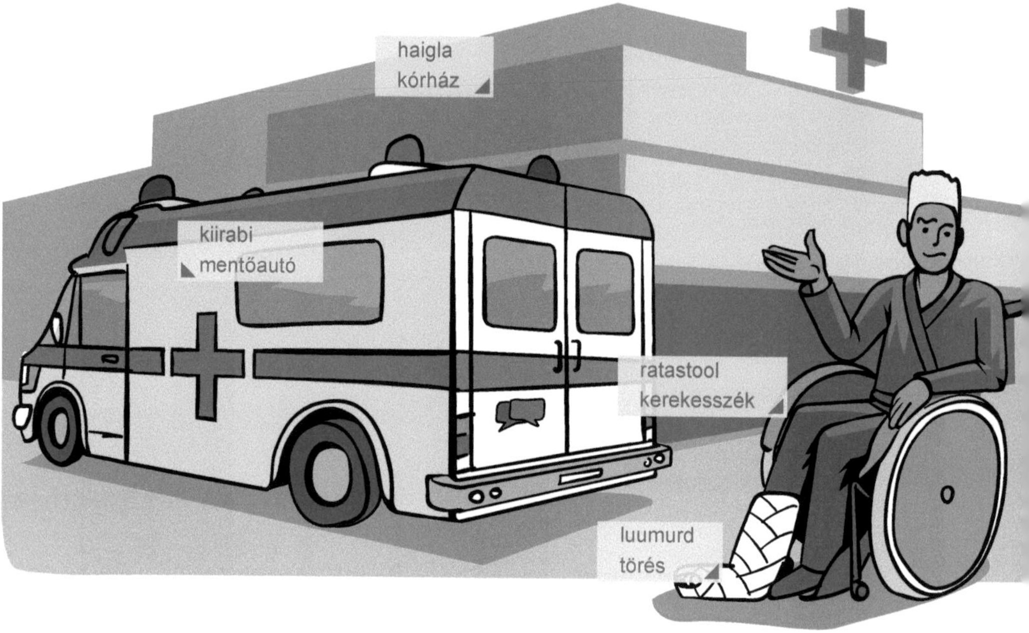

kiirabi
mentőautó

ratastool
kerekesszék

luumurd
törés

arst

orvos

traumapunkt

sürgősségi osztály

meditsiiniõde

ápoló

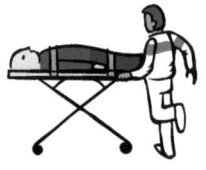

hädaolukord

vészhelyzet

teadvuseta

eszméletlen

valu

fájdalom

haigla - kórház

vigastus

sérülés

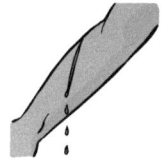

verejooks

vérzés

südamerabandus

szívroham

insult

szélütés

allergia

allergia

köha

köhögés

palavik

láz

gripp

influenza

kõhulahtisus

hasmenés

peavalu

fejfájás

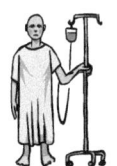

vähk

rák

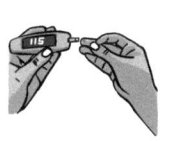

diabeet

cukorbetegség

kirurg

sebész

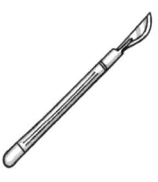

skalpell

szike

operatsioon

műtét

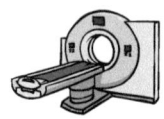

KT
CT

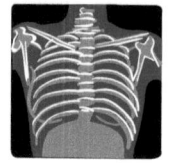

röntgen
röntgen

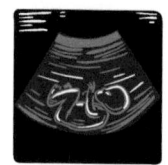

ultraheli
ultrahang

mask
arcmaszk

haigus
betegség

ooteruum
váróterem

kark
mankó

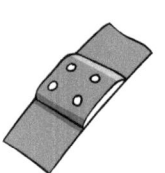

kips
sebtapasz

side
kötszer

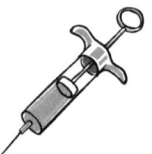

süst
injekció

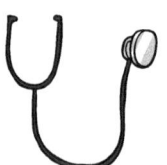

stetoskoop
sztetoszkóp

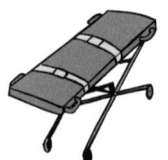

kanderaam
hordágy

kraadiklaas
klinikai hőmérő

sünd
születés

ülekaaluline
túlsúly

kuuldeaparaat

hallókészülék

desinfektsioonivahend

fertőtlenítőszer

põletik

fertőzés

viirus

vírus

HIV / AIDS

HIV/AIDS

meditsiin

orvosság

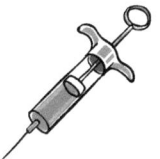

vaktsineerimine

oltás

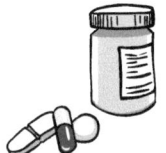

tabletid

tabletták

pill

tabletta

hädaabikõne

sürgősségi hívás

vererõhuaparaat

vérnyomásmérő

haige / terve

betegség / egészség

Appi!

Segítség!

häire

riasztás

kallaletung

rajtaütés

rünnak

támadás

oht

veszély

avariiväljapääs

vészkijárat

Tulekahju!

tűz!

tulekustuti

tűzoltókészülék

õnnetus

baleset

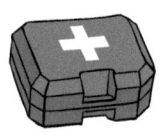

esmaabikomplekt

elsősegélycsomag

SOS

SOS

politsei

rendőrség

Euroopa

Európa

Põhja-Ameerika

Észak-Amerika

Lõuna-Ameerika

Dél-Amerika

Aafrika

Afrika

Aasia

Ázsia

Austraalia

Ausztrália

Atlandi ookean

Atlanti-óceán

Vaikne ookean

Csendes-óceán

India ookean

Indiai-óceán

Lõuna-Jäämeri

Déli-óceán

Põhja-Jäämeri

Jeges-tenger

põhjapoolus

Északi-sark

lõunapoolus

Déli-sark

Antarktika

Antarktisz

Maa

föld

maismaa

szárazföld

meri

tenger

saar

sziget

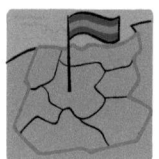

rahvus

nemzet

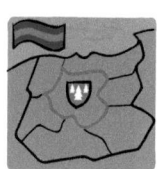

riik

állam

sihverplaat

számlap

tunniosuti

kismutató

minutiosuti

nagymutató

sekundiosuti

másodpercmutató

Mis kell on?

Mennyi az idő?

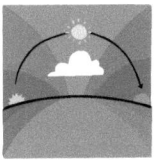

päev

nap

aeg

idő

praegu

most

digitaalne kell

digitális óra

minut

perc

tund

óra

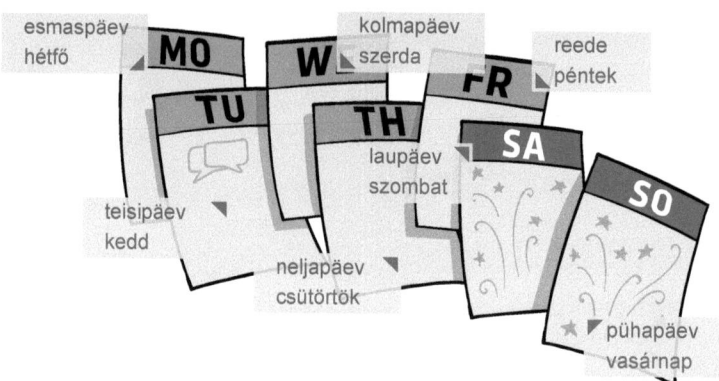

esmaspäev
hétfő

kolmapäev
szerda

reede
péntek

laupäev
szombat

teisipäev
kedd

neljapäev
csütörtök

pühapäev
vasárnap

eile
....
tegnap

täna
....
ma

homme
....
holnap

hommik
....
reggel

lõuna
....
dél

õhtu
....
este

MO	TU	WE	TH	FR	SA	SU
1	2	3	4	5	6	7
8	9	10	11	12	13	14
15	16	17	18	19	20	21
22	23	24	25	26	27	28
29	30	31	1	2	3	4

tööpäevad
....
hétköznap

MO	TU	WE	TH	FR	SA	SU
1	2	3	4	5	6	7
8	9	10	11	12	13	14
15	16	17	18	19	20	21
22	23	24	25	26	27	28
29	30	31	1	2	3	4

nädalavahetus
....
hétvége

aasta
év

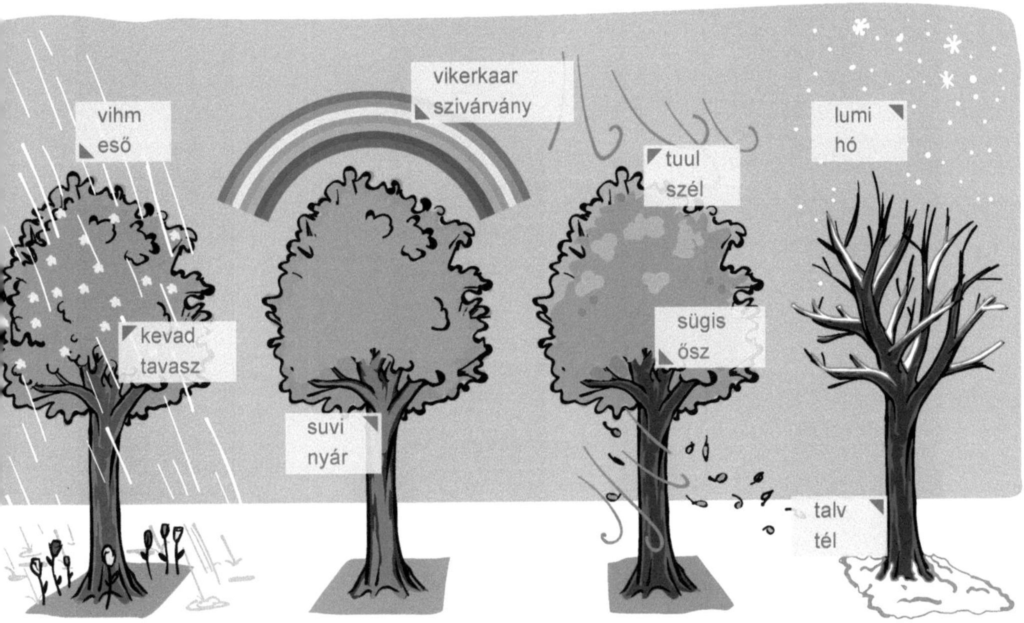

vikerkaar
szivárvány
vihm
eső
tuul
szél
lumi
hó
kevad
tavasz
sügis
ősz
suvi
nyár
talv
tél

4.APRIL 11°
5.APRIL 4°
6.APRIL 13°
7.APRIL 8°
8.APRIL 10°

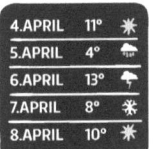

ilmaennustus

időjárás előrejelzés

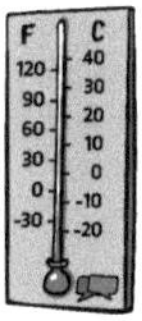

F C
120 40
90 30
60 20
30 10
0 0
-30 -10
-20

termomeeter

hőmérő

päikesepaiste

napsütés

pilv

felhő

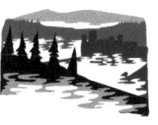

udu

köd

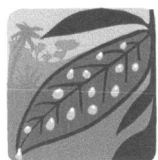

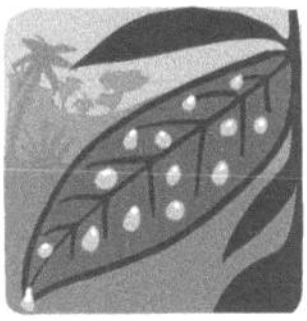

niiskus

páratartalom

pikne

villámlás

kõu

mennydörgés

torm

vihar

rahe

jégeső

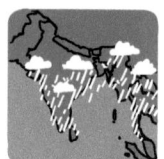

mussoon

monszun

üleujutus

áradás

jää

jég

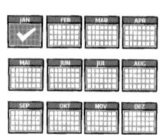

jaanuar

január

veebruar

február

märts

március

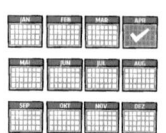

aprill

április

mai

május

juuni

június

juuli

július

august

augusztus

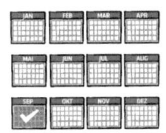

september
....
szeptember

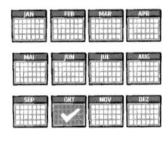

oktoober
....
október

november
....
november

detsember
....
december

ring
....
kör

ruut
....
négyzet

nelinurk
....
téglalap

kolmnurk
....
háromszög

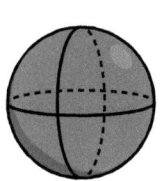

kera
....
gömb

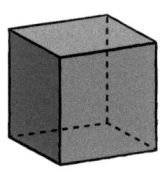

kuup
....
kocka

valge

fehér

kollane

sárga

oranž

narancs

roosa

rózsaszín

punane

piros

lilla

lila

sinine

kék

roheline

zöld

pruun

barna

hall

szürke

must

fekete

palju / vähe

sok / kevés

vihane / rahulik

mérges / nyugodt

ilus / inetu

szép / csúnya

algus / lõpp

kezdet / vég

suur / väike

nagy / kicsi

hele / tume

világos / sötét

vend / õde

fivér / növér

puhas / must

tiszta / koszos

täielik / puudulik

teljes / nem teljes

päev / öö

nappal / éjszaka

surnud / elus

halott / élő

lai / kitsas

széles / keskeny

söödav / mittesöödav

ehető / nem ehető

kuri / sõbralik

gonosz / kedves

põnevil / tüdinud

izgatott / unott

paks / peenike

kövér / vékony

esimene / viimane

első / utolsó

sõber / vaenlane

barát / ellenség

täis / tühi

teli / üres

kõva / pehme

kemény / puha

raske / kerge

nehéz / könnyű

nälg / janu

éhség / szomjúság

haige / terve

betegség / egészség

ebaseaduslik / seaduslik

illegális / legális

tark / rumal

intelligens / buta

vasak / parem

bal / jobb

lähedal / kaugel

közel / távol

uus / kasutatud

új / használt

mitte midagi / midagi

semmi / valami

vana / noor

idős / fiatal

sees / väljas

be / ki

lahti / kinni

nyitva / zárva

vaikne / vali

csendes / hangos

rikas / vaene

gazdag / szegény

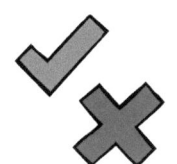

õige / vale

helyes / helytelen

kare / sile

érdes / sima

kurb / rõõmus

szomorú / vidám

lühike / pikk

rövid / hosszú

aeglane / kiire

lassú / gyors

märg / kuiv

nedves / száraz

soe / jahe

meleg / hideg

sõda / rahu

háború / béke

0	**1**	**2**
null	üks	kaks
nulla	egy	kettő

3	**4**	**5**
kolm	neli	viis
három	négy	öt

6	**7**	**8**
kuus	seitse	kaheksa
hat	hét	nyolc

9	**10**	**11**
üheksa	kümme	üksteist
kilenc	tíz	tizenegy

12

kaksteist

tizenkettő

13

kolmteist

tizenhárom

14

neliteist

tizennégy

15

viisteist

tizenöt

16

kuusteist

tizenhat

17

seitseteist

tizenhét

18

kaheksateist

tizennyolc

19

üheksateist

tizenkilenc

20

kakskümmend

húsz

100

sada

száz

1.000

tuhat

ezer

1.000.000

miljon

millió

inglise

angol

Ameerika inglise

amerikai angol

mandariini

mandarin kínai

hindi

hindi

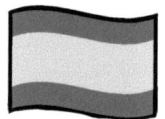

hispaania

spanyol

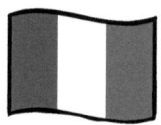

prantsuse

francia

araabia

arab

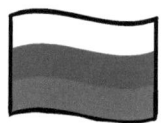

vene

orosz

portugali

portugál

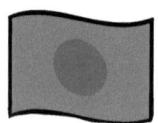

bengali

bengáli

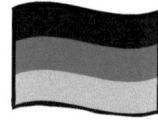

saksa

német

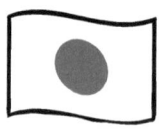

jaapani

japán

mina

én

sina

te

tema

ö

meie

mi

teie

ti

nemad

ök

kes?

ki?

mis?

mi?

kuidas?

hogyan?

kus?

hol?

millal?

mikor?

nimi

név

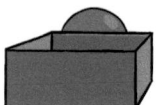

taga

mögött

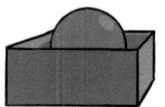

sees

benne

ees

elötte

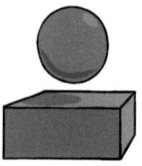

kohal

felette

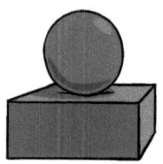

peal

rajta

all

alatta

kõrval

mellett

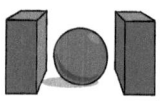

vahel

között

koht

hely